FACULTÉ DE DROIT DE PARIS.

THÈSE

POUR LA LICENCE.

L'acte public sur les matières ci-après sera soutenu,
le mercredi 13 août 1845, à 3 heures,

Par Félix-Marie-Désiré GALLES,

Né à Vannes (Morbihan) le 21 juillet 1824.

Président, M. Ducaurroy.

Suffragants, MM. De Portets, Duranton, Bonnier, } *professeurs.*

Delzers, *suppléant.*

Le Candidat répondra en outre aux questions qui lui seront faites
sur les autres matières de l'enseignement.

PARIS,

IMPRIMERIE DE H. VRAYET DE SURCY ET Cⁱᵉ,

RUE DE SÈVRES, 37.

—

1845

A ma Mère,

A mon Frère, à ma Soeur.

JUS ROMANUM.

DE FURTIS.

(DIG., lib. XLVII, tit. II. — PAULI SENT., lib. II, tit. XXXI.)

Circa furtum videbimus :
1° Quid sit furtum;
2° Quæ actiones ex furto nascantur.

SECTIO I.

Quid sit furtum.

Furtum est contrectatio rei fraudulosa, lucri faciendi causa; vel ipsius rei, vel etiam usus ejus aut possessionis.

Cum sine contrectatione furtum non sit; neque verbo, neque scriptura, neque cogitatione sola, solove consilio furtum fit : at sufficit rem aliqua sui parte esse contrectatam, ut totius furtum videatur; nisi tamen res ipsa dividua sit. Rem semel contrectatam satis est quoque, et assidua etiam contrectatio minime actiones multiplicat; et idem, si iterata diversisque facta temporibus; nisi aut possessionis causa, Sticho, verbi gratia, rem in domini potestatem redditam rursus subripiente, aut domini persona mutata sit.

Contrectationem vero per se, vel per alium, præsens tamen, aliquis facere potest : et si duo pluresve tignum, quod singuli contrectare non potuerint, furati sunt, haud recte dicetur pro parte furtum fecisse singulos; totius autem rei universos : sic fiet singulos furti teneri.

Cum sine dolo furtum non sit, non sane fur est, qui, quod suum esse putat, contrectat; et pariter non ineleganter dictum est, qui putavit se domini voluntate rem attingere, non esse furem. Ut furtum enim fieri intelligatur, requiritur ut invito domino fiat, juxta adagium, *volenti non fit injuria.* Uno casu tamen furti actio datur, quamvis res volente domino ablata sit : Justinianus enim, antiquorum prudentium altercationibus perspectis (1), sanxit in ea specie, qua quis servum sollicitasset, ut rem aliquam domino surriperet et ad se deferret; etsi servus monuerit dominum, et volente domino res illas detulerit; istum servi corruptorem et furti et servi corrupti teneri; quamvis nec proprie furtum factum fuerit, nec servus sit corruptus. Invitum autem intelligimus etiam dominum ignorantem, certe enim minime consensit : invitus quoque videtur qui rem suam, alienam putans, alii scienti et lucrandi animo accipienti, tradidit : non autem qui per dolum vel metum adductus est ut velit; nisi quis se alium hominem, aut alterius nomine accipientem finxerit.

Fraudulosa detrectatio ita fieri debet, ut ipse fur vel alter lucrum quærat, et non tantum malitia nocere velit, vel libidinem

(1) Inst. IV, tit. I, § 8.

explere : nihil refert cæterum an fur lucrum suum alteriusve
sequatur. Si quis plures res contrectaverit, in singulis videbitur an
furandi habuerit affectum : arca igitur refracta, ut uniones tolle-
rentur, hisque furti faciendi causa contrectatis, eorum tantummodo factum furtum videri placet : arcam enim, ut ad uniones
perveniret, fur tantummodo contrectavit. Non tamen necesse est
ut singulas res propter semetipsas furandi habuerit affectum : qui
igitur saccum nummis plenum subripit, furti etiam sacci nomine
tenebitur, quamvis id non propter ipsum, sed propter nummos
contrectaverit.

Nihil demum refert an quantitatis et qualitatis rei, et ejus qui
furtum patitur scientiam contineat furandi voluntas.

Furtum fit vel rerum ipsarum, vel earum usus aut possessionis.
Rerum autem quæ sunt mobiles tantum quis furtum facere potest : Sabiniani quidem fundi et ædium furtum fieri quondam
existimaverunt : sed contraria prævaluit sententia, et justa est :
res enim mobiles, et non aliæ, auferri possunt.

Furtum non est nisi rei, quam aliquis, aut corpore et animo,
aut naturaliter tantum, aut solo animo possidet. Interdum tamen
etiam liberorum hominum furtum fit : veluti si quis liberorum
nostrorum, qui in potestate nostra est, subreptus fuerit; ob patriam
potestatem dabitur actio. Rei suæ demum furtum non fit; quod
intelligendum est, si quis totius rei dominus est : qui autem pro
parte tantum dominus, alienæ partis furtum facere potest.

Dominus ipse rem suam certe non furari potest; sed usum
vel possessionem eum furari posse recte dicitur; puta, qui rem
subripuit, in qua ususfructus alienus est, furti usufructuario
tenetur.

Fraudem continet furtum ; haud igitur furtum admittit qui
doli non est capax : in quemlibet autem, qui sit doli capax,

cadit furti crimen : itaque non in infantem cadit, sed in impu-
berem, si jam doli capax erit; id est, si pubertati proximus (1).

SECTIO II.

Quæ actiones ex furto nascantur.

Plures furti nomine actiones simul competere posse sciendum
est; quia diversa, pœnam scilicet et rem, persequuntur.

Et primum de pœnali actione furti videamus. — Duo autem
furtorum genera sunt : manifestum et nec manifestum. Manifestus fur est qui in faciendo deprehensus est, et qui intra terminos
ejus loci unde quid sustulerat, deprehensus est, vel antequam ad
eum locum, quo destinaverat, perveniret : nec manifestus fur est
qui in faciendo quidem haud deprehensus est, sed eum furtum
fecisse negari non potest.

Inde pro duplici furti specie, actio furti est duplex : scilicet
aut *furti manifesti* aut *furti nec manifesti*. Ex lege XII Tabularum
furti manifesti pœna capitalis erat : postea autem improbata hac
asperitate, quadrupli actio prætoris edicto constituta fuit : nec
manifesti furti pœna per legem dupli irrogatur.

Cujus ex honesta causa interfuit non subripi, is actionem furti
habet : alicujus interesse videtur eo quod in re subrepta aliquo
jure defraudetur; non si duntaxat lucro caret : creditori, verbi
gratia, si res pignori data sit, deinde subrepta, in ipsum dominum furti dabitur actio : et verum est, ut multi docebant, sem-
per creditoris interesse pignus habere, etiamsi debitor solvendo
est ; nam plus cautionis est in re quam in persona (2). Non autem
ejus rei quæ pro herede possidebatur, furti actio ad possessorem
pertinet.

(1) Caius, ff., CXI, *de Reg. juris.*
(2) Pomp., ff., XXV, *de Reg. juris.*

Alicujus etiam interesse videri potest eo quod alligetur culpæ nomine, quod rem subreptam non custodierit : ita demum ei dabitur actio si solvendo erit; nam qui non habet quod perdat, ejus periculo nihil est. Is autem apud quem res deposita est actionem non habebit; dolum enim tantum præstat, quid igitur interest, si dolo careat? Quod si dolo fecit jam quidem periculum ipsius est. sed non debet ex dolo suo furti quærere actionem.

Eis denique denegatur actio quorum turpiter interest, vel qui nec dominum nec possessionem ullam ac rei detentionem habebant, quamvis eorum intersit : hinc etiam est quod is, cui ex stipulatu vel ex testamento servus debetur, furti actionem non habeat.

Non tantum qui furtum fecerit, sed etiam is cujus ope et consilio furtum factum fuerit, furti actione tenetur. Consilium dare videtur qui persuadet et impellit atque instruit consilio ad furtum faciendum; opem ferre, qui ministerium adjutoriumque ad subripiendas res præbet : dummodo tamen dolo egerit et furtum revera secutum sit. Servus qui furtum fecit a domino noxæ dedi potest : et si, post furtum factum, manumissus est aut alienatus, cum ipso manumisso vel cum emptore agi potest; noxa enim caput sequitur : et idem si filius familias furtum fecerit, deinde emancipatum furti actio in eum dabitur. Hi autem qui in parentum dominorumve potestate sunt, si rem eis subripiunt, furtum quidem faciunt, sed actio furti non nascitur : quia nec ex ulla alia causa potest inter eos actio nasci : et pariter conjugi, filio, clienti denegatur actio : si vero alterius ope et consilio furtum factum fuerit, convenienter ille furti tenebitur.

Ut videatur an actio furti competat, quærendum est an actoris intersit : ita etiam ut videatur quid duplum vel quadruplum debeatur, quid actoris intersit furtum non fuisse factum quærendum est : unde si quidem dominus actione furti agat, nec alia ra-

tione ejus intersit quam quod dominus sit, hoc interesse refertur
ad verum rei pretium ; si non dominus autem, referri debere patet
ad utilitates, quæ ei interceptæ sunt; quod si quid ultra alia ratione
domini interest agentis, hoc quoque duplabitur vel quadrupla-
bitur.

Æstimatur autem rei pretium ratione temporis quo furtum
factum est, si res deterior sit, vel in rebus humanis esse desierit :
quod si pretiosior, ejus duplum quanti tunc, quum pretiosior
facta sit, fuerit, æstimabitur.

Evanescit actio furti, si dominus actionis vel tutor aut curator
cum fure transegerit : et jusjurandum vicem transactionis obtinet
Extinguitur etiam furti actio morte furis; heredi quidem com-
petit sed in heredem non datur.

Ex furto veteres quasdam alias actiones proponebant : —
Furti concepti, oblati, prohibiti, non exhibiti; sed in desuetudinem
abierunt (1).

Ea quidem de actionibus quæ tantum ad pœnæ persecutionem
pertinent : — ipsius autem rei persecutionem extrinsecus habet
dominus, vindicando aut condicendo : odio enim furum (2),
quo magis pluribus actionibus teneantur, id effectum est. — Habet et dominus ad exhibendum actionem. Condictio furtiva in
furem aut ejus heredem datur, non sane in quemque possessorem rei subreptæ. — Recepta re, nihilominus salvam esse furti
actionem, vindicationem vero et condictionem tolli apparet : sicut
ex diverso post solutam dupli vel quadrupli pœnam, salva est
condictio vel vindicatio : et inter omnes constat, etiamsi extincta
sit res furtiva, furti remanere actionem adversus furem; hoc idem
in condictione placet.

(1) Inst. IV, tit. I, § 4.
(2) Inst. IV, tit. VI, § 14.

DROIT FRANÇAIS.

DES ENGAGEMENTS QUI SE FORMENT SOUS CONVENTION.

(Code civil, art. 1370.)

Considérées sous le rapport de leur cause génératrice, les obligations peuvent se partager en deux classes; en effet, elles résultent de l'autorité seule de la loi ou du fait de l'homme.

Pour exemple des premières, le Code cite les obligations entre propriétaires voisins; ailleurs elles sont présentées comme des servitudes, et en effet, elles ne paraissent pas offrir le caractère propre des obligations, que les anciens auteurs expriment énergiquement par ces mots : « *Inhæret personæ obligatio sicut lepra cuti.* » Au moins est-il certain, dans la pratique, que le tribunal de la situation est compétent pour statuer sur les différends relatifs à ces obligations entre voisins. Dans la première classe d'obligations rentrent encore celles des tuteurs, auxquels il n'est pas permis de refuser les fonctions qui leur sont déférées; l'obligation de fournir des aliments aux ascendants, etc.

Sous le second chef, se placent en premier lieu les obligations

2

conventionnelles; mais ce ne sont pas les seules. Un engagement peut naître du fait de l'homme sans aucune convention; du fait d'une seule des parties, la loi dit : « D'un fait personnel à l'obligé. » Mais ce n'est pas exact, puisque nous voyons d'ailleurs que celui qui est étranger au fait, peut être obligé. (art. 1371.)

Le fait d'un seul, d'où dérive l'engagement, est un délit ou un quasi-délit, s'il est illicite; sinon c'est un quasi-contrat. Le quasi-contrat est défini un fait purement volontaire de l'homme, *et licite,* dont il résulte un engagement envers un tiers, ou un engagement réciproque des deux parties. Je citerai comme exemple, outre la gestion d'affaire et le payement de l'indu, l'acceptation d'une succession, ou d'une tutelle que l'on pouvait refuser. Si le fait d'où résulte l'engagement est illicite, il prend, dans notre droit, le nom de délit ou de quasi-délit, selon qu'il y a ou non, dol, intention de nuire; du reste, il y a, dans les deux cas, obligation de réparer le dommage qu'a causé le fait illicite. Outre la responsabilité civile, dont il est ici question, quand le fait illicite porte atteinte à l'ordre public, l'auteur est punissable : aussi le droit pénal comme le droit civil, s'occupe des délits, mais seulement quant à la pénalité. Un délit, en droit pénal, est toute infraction à la loi pénale; mais ce mot a aussi un sens plus restreint dans lequel il ne désigne plus qu'une certaine catégorie de ces infractions.

Je m'occuperai d'abord de la responsabilité civile, chapitre Ier.

Puis des délits, au point de vue du droit pénal, chapitre II.

Enfin, les dispositions du Code d'instruction criminelle, qui rentrent dans le cadre de cette thèse, me donneront lieu de comparer l'action publique, tendant à l'application de la peine, avec l'action civile qui a pour objet la réparation du dommage causé, chapitre III.

CHAPITRE PREMIER.

(Code civil, art. 1382 - 1386. *Code de commerce, art.* 216 *et* 217*).*

Qu'il y ait dol ou seulement faute, tout fait *illicite* de l'homme, qui cause à autrui un dommage, oblige celui par la faute duquel il est arrivé à le réparer : il n'y a pas fait illicite, quand le dommage a été causé par l'exercice d'un droit : « *Nemo damnum facit, nisi qui id fecit, quod facere jus non habet.* » (1) Celui-là n'agit pas contre le droit, qui est en état de légitime défense ; mais le juge examinera s'il n'a pas été au-delà de ce qui était nécessaire pour sa défense. Peu importe, du reste, qu'il y ait un fait positif, ou négligence seulement. L'auteur n'est responsable qu'autant qu'on trouve chez lui raison et liberté. Mais, en général, les personnes privées de raison sont soumises à une surveillance ; celui à qui elle est attribuée sera responsable de leur fait, s'il n'a pu l'empêcher. En principe, les fautes sont personnelles ; mais cette règle doit recevoir une exception naturelle, en ce qui concerne le fait des personnes soumises à notre surveillance ; ce n'est pas même, à vrai dire, une exception, la responsabilité qui pèse sur le surveillant prend sa source dans sa propre négligence ; toutefois, cette présomption de négligence ne doit pas être étendue au-delà des cas où elle est établie par la loi.

Or, le Code civil l'établit pour les parents, les instituteurs et artisans, et les maîtres et commettants. — Le père, et en cas de disparition, d'interdiction ou de décès du père, la mère, sont responsables du dommage causé par leurs enfants mineurs, habitant avec eux. Peu importe qu'ils soient légitimes ou naturels : la loi

(1) Paul, L., 151. *Dig. de Regulis Juris.*

ne distingue pas davantage s'ils sont émancipés ou non : toutefois il paraît juste de faire cesser la responsabilité des parents, si l'enfant est émancipé par le mariage (1). Les parents ne pourraient se prévaloir de ce qu'ils auraient abandonné l'enfant à une vie vagabonde ; mais s'il est en pension, il n'est plus *habitant avec eux*. Si le fils a agi avec discernement, le père ou la mère a contre lui un recours pour les dommages-intérêts payés (2).

La même responsabilité doit, à mes yeux, peser sur le tuteur ; mais non sur le mari, à moins que cela ne résulte d'un texte (3).

Sont, en second lieu, responsables du dommage causé par les apprentis et les élèves (majeurs ou mineurs), les artisans et les maîtres qui les ont sous leur surveillance ; mais leur responsabilité, aussi bien que celle des pères et mères disparaît s'ils parviennent à prouver qu'ils n'ont pu empêcher le fait : preuve assez difficile pour les parents, car, bien que l'impossibilité d'une surveillance actuelle soit démontrée, les écarts des enfants peuvent être attribués à la mauvaise éducation qu'ils ont reçue, aux funestes exemples qu'ils ont eus sous les yeux dans la maison paternelle (4).

La restriction dont il vient d'être question n'a pas lieu pour la responsabilité des maîtres et commettants, quant au dommage causé par leurs domestiques et préposés ; mais cette responsabilité ne s'étend qu'au dommage causé dans les fonctions auxquelles les domestiques et préposés ont été employés par leurs maîtres, qui sont en quelque sorte la cause première du dommage. Le principe de la responsabilité des commettants est appliqué par l'ar-

---

(1) Code forestier, art. 206. — Loi de 1791 sur la police rurale, tit. ii, art. 7. — Loi de 1844 sur la chasse, art. 28.

(2) C. Forestier, art. 206.

(3) Loi de 1791, tit. ii, art. 7.

(4) Arr. Cass. 29 mars 1827. Sir. 28. i. 373.

ticle 216 du Code de commerce, au propriétaire du navire, quant aux faits du capitaine. Toutefois un contrôle perpétuel étant ici impossible, cette responsabilité aurait pu être ruineuse; le propriétaire peut y échapper par l'abandon du navire et du fret. Si le navire est armé en guerre, la moralité des hommes qui le montent étant assez suspecte, le propriétaire n'est responsable des délits et déprédations par eux commis en mer, que jusqu'à concurrence de la somme pour laquelle il aura donné caution, à moins qu'il ne soit complice des déprédations. (Art. 207.)

La surveillance doit aussi porter sur les animaux dont nous nous servons, et sur les objets inanimés qui sont en notre possession. Ainsi, le propriétaire du bâtiment est responsable du dommage causé par sa ruine, si elle arrive par suite du défaut d'entretien ou par vice de construction : et de même celui qui se sert d'un animal, est responsable du dommage causé par cet animal, soit qu'il fût sous sa garde, soit qu'il fût égaré ou échappé.

Les principes que nous avons rencontrés dans le Code civil sont appliqués par plusieurs lois spéciales. (L'art. 206 du Code forestier ; l'art. 74 de la loi sur la pêche fluviale de 1829 ; l'art. 28 de la loi de 1844, sur la chasse ; les art. 7, 8, 12, 16, 23 de la loi du 28 septembre, 6 octobre 1791 sur la police rurale, tit. xiᵉ.) Le décret impérial du 15 novembre 1811, sur le régime de l'Université, rend aussi, par son art. 79, les chefs d'établissements responsables des délits commis par leurs élèves dans les sorties et promenades faites en commun, sauf leur recours contre les père et mère ou tuteur, en établissant qu'il n'a pas dépendu d'eux de prévoir ni d'empêcher le délit.

D'après l'art 73 du Code pénal, les aubergistes et hôteliers convaincus d'avoir logé, plus de vingt-quatre heures, quelqu'un qui, pendant son séjour, aurait commis un crime ou un délit, seront civilement responsables envers ceux qui auraient souffert quelque dommage de ce crime ou délit, s'ils n'ont pas inscrit sur leurs registres, le nom, la profession et le domicile du coupable.

CHAPITRE II.

(Code pénal, art. 1-4 *et* 59-74.)

Parmi les faits illicites, il en est qui sont assez graves pour porter atteinte à l'ordre social. Il ne suffit plus alors que la partie lésée obtienne une réparation : la société intervient et poursuit, par l'organe du ministère public, l'application d'une peine.

Le droit de punir n'est guère contesté en lui-même à la société; mais les criminalistes assignent à son exercice des limites plus ou moins étroites, selon le fondement qu'ils lui attribuent. Je ne prétends pas développer, encore moins critiquer ici les nombreux systèmes proposés à cet égard; je dois au moins nommer la théorie de la défense directe, qui fut soutenue par Beccaria et par l'école philosophique du xviiiᵉ siècle. On voyait alors dans le droit de punir un corollaire du contrat social. A côté de cette théorie, qui peut cependant être complètement isolée de l'idée d'un contrat social, il faut encore nommer celle de Jérémie Bentham, qui proclame la peine juste, puisqu'elle est nécessaire, et celle de l'école spiritualiste, qui fait, au contraire, trop abstraction de l'utilité, et s'attache à la loi morale pour y trouver le principe et la raison de la justice pénale. Ne pourrait-on pas admettre simultanément ces deux principes? Ne faut-il pas, pour tenir compte de la double nature de l'homme, accorder une place à l'utile à côté du juste? D'où se déduit cette conséquence : l'incrimination n'est juste qu'autant que l'acte enfreint la loi morale, et que la punition est nécessaire à la conservation de l'ordre social.

Quoi qu'il en soit, nous ne voyons pas dans le Code pénal que le législateur ait formulé la théorie qu'il a acceptée; mais sa pensée se révèle par les travaux préparatoires, et ils attestent que l'utilité est la règle à laquelle on s'est attaché, en reléguant sur un plan bien secondaire l'idée de la moralité.

Le droit de punir est trop redoutable pour que ses limites ne soient pas définies par la loi elle-même. Aussi, le principe de la non-rétroactivité des lois doit ici être fidèlement appliqué; sans lui, il n'y aurait plus ni sûreté, ni liberté. Toutefois, il souffre deux exceptions. Si une loi nouvelle adoucit la peine, elle s'appliquera au fait commis sous l'empire de la loi ancienne, et non encore jugé; et cela est juste, puisque la peine autrefois appliquée est reconnue exorbitante : il a même été décidé qu'il suffit que dans l'intervalle du délit au jugement, il ait existé une loi plus douce que celles existantes au moment du délit et au moment du jugement, pour appliquer cette loi (1). La jurisprudence a écarté en second lieu le principe de la non-rétroactivité quant à la procédure et à la compétence; mais cette dérogation semble difficile à justifier.

Le principe de la non-rétroactivité doit s'appliquer à la peine; il doit aussi s'appliquer à l'incrimination, à plus forte raison; c'est-à-dire qu'un fait commis hier sous l'empire d'une loi qui ne l'incriminait pas, ne peut être puni conformément à une loi postérieure.

Les infractions à la loi pénale sont partagées en trois classes : celle que les lois punissent des peines de police est une *contravention ;* celle que les lois punissent des peines correctionnelles est

(1) 13 février 1814 (Sir. 16, 1, 592).

un *délit ;* celle que les lois punissent d'une peine afflictive ou
infamante est un *crime.* Au lieu de procéder, comme cela serait
naturel, du fait à la peine, la loi apprécie ici le fait d'après la
gravité de la peine qui y est attachée. Aussi a-t-elle été vivement
critiquée. Il faut remarquer toutefois que si, dans la loi, le
législateur a mesuré la peine sur la gravité du fait, rien ne s'op-
pose à ce que la peine soit prise ensuite comme base de la division
des actes : d'ailleurs, le but et l'utilité de cet article, c'est d'indiquer la compétence, d'après la nature de la peine à laquelle
l'acte peut donner lieu. Mais il est vrai que cette classification est
artificielle ; en réalité, il n'y a lieu qu'à une seule distinction :
ou bien le fait puise sa criminalité dans l'intention de l'agent
(c'est un crime ou un délit); ou bien ce n'est qu'une infraction
matérielle ; c'est alors une contravention, et cette division répon-
drait à celle des délits et des quasi-délits.

Les faits incriminés par la loi, une fois classés, il faut re-
chercher si l'acte consommé tombe seul sous le coup de la
peine, ou bien si la loi va saisir et frapper les divers actes externes
qui précèdent la consommation ; je dis les *actes externes :* sans
doute l'analyse peut remonter plus haut et étudier les actes in-
ternes qui se succèdent dans la conscience avant d'arriver à une
manifestation extérieure, depuis le désir jusqu'à la résolution
arrêtée ; mais tant que la résolution reste ensevelie dans le secret
de la pensée, ou même alors qu'elle a été communiquée par une
confidence qui n'a pas pour but d'en faciliter l'exécution, nous
restons dans une sphère dans laquelle la loi pénale ne doit pas
intervenir. *Cogitationis pœnam nemo patitur* (1). Toutefois le Code
punit le complot, même non suivi d'actes préparatoires (art. 89):

(1) Ulpien, l. xviii. *Dig. de Pœnis.*

le pacte d'association est considéré comme constituant un acte
extérieur.

En dehors du domaine de la pensée, se présentent les actes préparatoires; mais il est difficile de les rattacher au délit, parce
qu'un même acte peut être une préparation pour des délits bien
différents et pour des actes non coupables. Toutefois le complot
suivi d'actes préparatoires est puni de la déportatiou, (art. 89,
voyez de même l'art. 90.) Enfin dès que l'exécution commence,
la présomption est que l'agent la consommera; cependant il peut
encore s'arrêter dans sa tentative; il faut se garder de lui enlever
par une pénalité exagérée tout intérêt à reculer devant la perpétration du crime; mais si l'exécution n'est suspendue que par
une circonstance indépendante de sa volonté, il ne peut plus
invoquer la possibilité d'un repentir que rien n'a révélé; une peine
est juste et nécessaire, parce qu'il est important de punir même
les premières tentatives du crime. Toutefois s'il s'agit d'un délit,
l'exiguité du péril social et la difficulté de la preuve ont conduit le
législateur à ne punir la tentative qu'exceptionnellement. S'agit-il
au contraire d'un crime; elle est considérée comme le crime
même. Cette sévérité s'appliquait autrefois aux crimes *énormes;*
sous l'empire du Code de 1791, à la tentative d'assassinat et d'em-
poisonnement : une loi de l'an IV l'étendit à tous les crimes; les
rédacteurs du Code pénal furent fidèles à cette tradition; cependant cette disposition a été considérée comme injuste par la
plupart des criminalistes, qui ont vu leur sentiment consacré par
plusieurs codes modernes; en effet la consommation réelle du crime
laisse bien loin derrière elle toute l'atrocité imaginable d'une
tentative (1). Si, en 1832, on n'a pas modifié le Code sous ce rap-

(1) Observations de la Cour d'appel de Rennes.

3

port, c'est qu'on a vu dans les circonstances atténuantes un moyen d'échapper aux conséquences de cette assimilation du crime et de la tentative. Il est cependant un degré intermédiaire : je veux dire le crime *manqué ;* l'exécution est complète, mais l'effet attendu ne se réalise pas. La loi punit le crime manqué, comme le crime consommé, elle y est forcément conduite : mais bien que cette seconde assimilation ait été combattue, elle prête beaucoup moins à la critique que la première ; en effet le bonheur de la victime atténue-t-il la criminalité de l'agent ?

C'est maintenant cet agent lui-même que je dois considérer : l'infraction peut être commise par un seul homme privé de toute assistance ; elle peut l'être aussi par plusieurs. Dans cette seconde hypothèse, ou bien la participation de chacun est directe et immédiate, la même peine doit alors atteindre les *coauteurs* ou *co-délinquants* : ou bien, au contraire, la participation de quelques-uns n'a été que secondaire, indirecte : ce sont des *complices.* Le Code les punit comme les auteurs : ce nivellement inflexible a été rejeté par presque toutes les législations étrangères ; en effet, il n'est ni juste, ni politique, et loin d'assurer la répression, il n'aboutit qu'à multiplier les acquittements.

En présence de cette disposition rigoureuse, il est évident que la loi, en déterminant les circonstances constitutives de la complicité, est limitative : ces circonstances peuvent être antérieures à l'exécution, elles peuvent être concomittantes, et même postérieures : c'est ce qui a lieu pour le recel du coupable et le recel des objets volés. Mais le premier de ces faits n'est puni que s'il a lieu habituellement et avec connaissance de cause ; cela indique un concert préexistant au crime. Au contraire, en frappant comme un complice le recéleur de l'objet volé, la loi n'exige pas qu'il y ait habitude ; or, comment peut-on participer à un crime après qu'il a été commis ? Aussi la loi se critique elle-même en reculant devant les circonstances extrêmes de la fiction qu'elle vient d'admettre ; ainsi, d'une part, la peine de mort applicable à l'auteur est remplacée, pour le recéleur, par celle des travaux forcés à perpétuité ; en second lieu, cette dernière peine et celle de la déportation ne peuvent être prononcées contre les recéleurs, qu'autant qu'ils ont eu connaissance, au temps du recel, des circonstances auxquelles la loi attache les peines perpétuelles ; d'où il faut bien conclure, avec la jurisprudence, que les complices sont passibles de la même peine que l'auteur, en principe, alors même qu'ils ont ignoré les circonstances aggravantes. Mais si l'aggravation résulte d'une circonstance personnelle à l'auteur, telle que la qualité de fils, il est singulièrement rigoureux de l'étendre au complice : la loi veut seulement dire que le complice sera puni comme s'il était l'auteur du crime. Réciproquement, si l'auteur principal échappe à la peine par une faveur qui lui est personnelle, le complice ne jouira pas du même bénéfice. Enfin, la loi étant, comme je l'ai dit, restrictive, en énonçant les cas de complicité ; il suit de là que les faits qui constituent cette complicité doivent être précisés et dans les questions soumises au jury et dans ses réponses.

Que l'agent soit auteur principal ou complice, sa criminalité peut être modifiée ou même effacée par des circonstances spéciales. Tout motif qui peut affaiblir la culpabilité constitue une *circonstance atténuante*. Les circonstances atténuantes, depuis la loi de 1832, peuvent s'appliquer à tout délit, et sont abandonnées à l'appréciation du jury, dont la déclaration affirmative, sur le fait de leur existence, entraîne une diminution dans la peine. Mais de plus, il est certains cas définis par la loi, dans lesquels l'imputabilité s'efface, et par suite la peine est écartée ; ce sont les cas de *justification*. Il en est d'autres, également définis par la loi, où l'imputabilité survit, mais elle est seulement affaiblie; ce sont les cas d'*excuse*.

Pour que l'acte soit imputable à l'agent, il faut que celui-ci ait compris qu'il violait le droit, et qu'il ait été libre de commettre l'acte ou de s'en abstenir. La raison et la liberté étant des conditions indispensables de l'imputabilité, si l'agent était en état de démence ou a été contraint par une force irrésistible, il est justifié; c'est à l'expérience de fournir des données nécessaires pour constater la démence. Les questions d'application sont nombreuses et délicates; je me contente d'indiquer ici le cas où l'acte a été commis par un insensé dans un intervalle lucide, et les controverses relatives à la monomanie, au somnambulisme, à l'ivresse.

La contrainte peut être physique ou morale. Il y a contrainte physique si les membres d'une personne sont employés à faire ou à souffrir quelque chose, malgré sa résistance. Il y a contrainte morale quand l'agent se trouve placé entre le crime et un mal immédiat dont il est menacé; mais il faut que ce mal soit injuste, et la contrainte irrésistible. La crainte révérencielle des parents, l'ordre donné par le mari à la femme, par le maître au domestique, ne sont pas des causes de justification. L'obéissance hiérarchique elle-même a ses bornes; sans doute la présomption de légitimité protége l'ordre du supérieur, mais la criminalité de cet ordre peut être tellement évidente que le subordonné n'a pu le croire légitime; il est alors responsable.

Il y a encore justification quand l'homicide, les coups ou blessures ont été commandés par la nécessité actuelle de la légitime défense de soi-même ou d'autrui. (Voir *Code pén.*, art. 328-329.)

J'ai dit la différence de l'excuse et de la justification; il résulte de cette différence que, pour le cas de justification, la question de démence, par exemple, n'a pas besoin d'être posée; en effet, dans le système actuellement en vigueur dans notre procédure criminelle, la question est complexe, et comprend aussi bien le fait moral de l'imputabilité, que le fait matériel de la perpétration; au contraire, puisque dans les cas d'excuse la culpabilité n'est pas effacée, il faut soumettre au jury la question de savoir si on se trouve dans un des cas prévus par la loi qui constituent une excuse. Il est de principe que l'excuse et la mitigation de la peine ne peuvent avoir lieu que dans les circonstances où la loi l'autorise. La provocation par des coups et violences graves sur les personnes, le flagrant délit d'adultère, sont des causes d'excuse. L'excuse résulte quelquefois de faits postérieurs au crime; c'est ce que l'on voit pour le cas de révélation par le faux monnayeur; et, dans ce même cas, il peut y avoir non-seulement adoucissement, mais exemption de la peine (1).

La peine peut être mitigée sans qu'il y ait atténuation de la culpabilité; ainsi, le septuagénaire n'est pas moins coupable que l'adulte, peut-être l'est-il plus; mais la loi adoucit la peine qu'elle inflige au vieillard, à cause de sa faiblesse; aussi cet adoucissement a-t-il lieu, quant à certaines peines, même pour celui qui atteint soixante et dix ans depuis la condamnation.

Le mineur, âgé de moins de seize ans, peut ne pas avoir le discernement nécessaire pour être responsable de ses actes. La question de discernement doit donc être posée au jury. S'il déclare qu'il n'y a pas eu discernement, le mineur est acquitté. Mais la présomption de l'irresponsabilité peut être fausse; si le jury estime qu'il y a eu discernement, la loi accorde seulement, en faveur de l'âge, une diminution de peine, et elle soustrait à la juridiction

(1) *Code pén.*, art. 138.

criminelle le prévenu mineur âgé de moins de seize ans, s'il n'a pas de complices présents au-dessus de cet âge.

CHAPITRE III.

(Code d'instruction criminelle, art. 1-4 *et* 635-643).

Toute infraction renferme une atteinte à l'ordre public et par suite donne lieu à une action publique ayant pour objet l'application de la peine. — De plus l'infraction peut porter atteinte à un intérêt privé : la personne qui subit le préjudice a alors une action civile ayant pour objet la réparation de ce préjudice.

L'on voit que ces deux actions diffèrent quant à leur objet : elles diffèrent encore quant aux personnes qui peuvent les exercer : l'action publique est remise aux mains de magistrats d'un ordre plus ou moins élevé, selon la gravité du fait : la personne lésée n'a à cet égard que le droit de porter plainte, et de mettre ainsi le ministère public en éveil et en mouvement, sans que celui-ci soit du reste obligé d'attendre la plainte pour agir, sauf dans quelques cas exceptionnels ; au contraire, c'est la personne lésée qui intente l'action civile. Il faut seulement remarquer que, en matière de délit et de contravention, la partie civile peut directement porter son action devant les tribunaux correctionnels et de simple police, et le ministère public a alors la faculté de requérir incidemment à cette action intentée, l'application de la peine ; en matière criminelle, l'action civile peut aussi être poursuivie en même temps et devant les mêmes juges que l'action publique ; mais la personne lésée ne peut saisir directement la juridiction criminelle tant que l'action publique n'est pas intentée. La personne lésée a, du reste, le droit d'agir séparément devant les juges civils ; dans ce dernier cas l'exercice de son action est suspendu, tant qu'il n'a pas été prononcé définitivement sur la poursuite au criminel : c'est l'application de cette maxime : le criminel tient le civil en état ; mais il ne faut pas en conclure que l'accusé étant acquitté, il ne peut plus y avoir contre lui condamnation civile à des dommages-intérêts. Pour poursuivre son action en même temps et devant les mêmes juges que l'action publique, il faut que la personne lésée se soit portée partie civile par la plainte ou par un acte subséquent, ou au moins ait pris par l'un ou l'autre des conclusions en dommages-intérêts ; mais l'intérêt qui sert de base à l'admission de la partie civile doit résulter du délit même, et la juridiction criminelle est incompétente pour accorder des réparations civiles pour un autre fait que celui de l'accusation. L'accusé étant déclaré non coupable, l'action civile devient principale. Si l'on suivait une logique rigoureuse, le juge criminel ne pourrait plus dès lors statuer sur les dommages-intérêts qui peuvent être dus à raison d'un quasi-délit ; mais pour plus de simplicité on lui en reconnaît le pouvoir.

Enfin il me reste à comparer les modes d'extinction des deux actions : l'action civile ayant pour objet une réparation pécuniaire, on conçoit qu'elle puisse être exercée et suivie contre les représentants de l'agent après le décès de celui-ci ; mais il n'en est pas de même de l'action publique, parce que la peine ne doit frapper que le coupable, et cela s'applique aux peines pécuniaires comme aux peines corporelles (1). La démence survenue pendant la poursuite doit aussi la suspendre jusqu'à ce que le prévenu recouvre la santé d'esprit. Si la mort survient après que la condamnation à l'amende est devenue définitive, cette con-

_____

(1) En matière fiscale l'amende cesse d'être personnelle. — Art. 20 , tit. XIII, loi du 6-22 août 1791 ; et art. 35 de la loi du 1ᵉʳ germinal, an XIII : mais elle ne cesse pas d'être une peine.

damnation constitue une dette en faveur de l'Etat, pour lequel il y a droit acquis ; l'exécution peut donc être poursuivie malgré la mort du condamné, et il en est de même dans le cas de démence postérieure à la condamnation ; quant aux peines corporelles, l'humanité veut que la démence en suspende l'exécution.

On peut transiger sur l'intérêt civil qui résulte d'un délit ; on peut de même renoncer à l'action civile ; mais ni la transaction, ni la renonciation ne peuvent empêcher ou suspendre l'action publique. Dans le cas de plainte en adultère, le désistement de la partie plaignante arrête toutefois la poursuite du ministère public, ce qui ne doit pas être posé en règle générale pour tous les cas où cette poursuite est subordonnée à la plainte.

Enfin, l'action publique et l'action civile s'éteignent par la prescription. La loi réunit dans un même chapitre les règles relatives à la prescription de l'action et à la prescription de la peine ; mais il importe de les distinguer.

Ces deux prescriptions diffèrent quant à leur objet ; l'une s'appliquant aux poursuites à intenter, l'autre à la condamnation prononcée. Je m'occuperai d'abord de la prescription de l'action ; le délai est de dix ans s'il s'agit d'un crime ; de trois ans s'il s'agit d'un délit ; d'un an s'il s'agit d'une contravention de police : pour quelques délits et contraventions, des délais plus courts sont établis par des lois spéciales. La prescription court du jour où le crime a été commis, et si le crime est successif, du jour où la perpétration en a cessé ; et s'il a été fait des actes d'instruction ou de poursuite, à compter du dernier de ces actes ; la même distinction s'applique, pour le point de départ, s'il s'agit d'un délit ; mais en matière de police, la prescription n'est interrompue que par le jugement.

La loi met continuellement sur la même ligne, quant à la pres-

cription, les actions civile et publique ; et l'action civile pouvant
être portée, soit devant les tribunaux criminels, soit devant les
tribunaux civils, dans les deux cas elle se prescrit par le même
laps de temps.

La prescription de l'action est fondée sur la difficulté de la
preuve, dont les éléments ne peuvent guère être recueillis, après
un certain temps, avec une certitude suffisante pour donner lieu
à une condamnation. La prescription de la peine est fondée sur
ce que les inquiétudes auxquelles le condamné a été en proie,
tandis qu'il cherchait à se soustraire à la poursuite de la justice,
l'ont suffisamment puni ; et en même temps ces épreuves, jointes
à l'effet du temps, ont pu l'amender, amortir ses passions. Mais
on a dû exiger des délais plus longs : vingt ans pour les arrêts
rendus au grand criminel ; cinq ans, à compter du jour du jugement en matière correctionnelle, ou du jour où l'appel n'est plus
recevable, si le jugement en était susceptible ; en matière de
simple police deux ans, dont le point de départ est fixé d'après
la même distinction.

L'assimilation établie par la loi pour la prescription de l'action
civile et de l'action publique, n'a pas lieu pour les condamnations
pénales et les condamnations civiles ; celles-ci constituent une
créance qui se prescrit conformément aux règles du droit privé.

Le condamné par contumace qui a prescrit contre sa peine ne
peut plus purger sa contumace ; la condamnation est définitive et
ne peut plus être effacée. S'il a encouru la mort civile, il ne peut
plus être réintégré dans ses droits. D'autre part, la loi faisant résulter la récidive d'une première condamnation prononcée, sans
distinguer si la peine a été ou non subie ; le condamné qui a
prescrit contre sa peine et qui commet un nouveau crime, tombe
sous le coup de l'aggravation de pénalité attachée à la récidive.

4

QUESTIONS.

1. Le tuteur est-il responsable des délits et quasi-délits de son pupille dans le cas où le père le serait des délits et quasi-délits de son enfant mineur ? – Oui.

2. Le mari répond-il, en principe, du dommage causé par sa femme ? — Non.

3. Le principe de la non-rétroactivité des lois doit-il être appliqué quant à la procédure criminelle? — Oui.

4. La tentative d'avortement est-elle punie par la loi ? — Non.

5. Le complice doit-il subir l'aggravation de peine motivée par des circonstances intrinsèques du crime qui ne lui ont pas été connues ? — Oui.

6. Doit-il supporter l'aggravation qui atteint l'auteur principal par suite d'une qualité purement personnelle ? — Non.

7. La femme qui recèle les effets volés par son mari, peut-elle être réputée complice? — Oui.

8. Le désistement du mari arrête-t-il l'action publique contre la femme prévenue d'adultère? — Oui.

9. L'amende prononcée par un jugement définitif peut-elle être poursuivie contre les héritiers du condamné décédé? — Oui.

10. La prescription de l'action publique empêche-t-elle d'exercer l'action civile même devant les tribunaux civils ? — Oui.

11. La prescription doit-elle courir pendant la suspension des poursuites occasionnées par la démence de l'accusé? — Oui.